### 정재승 글

KAIST에서 물리학으로 학사, 석사, 박사 학위를 받았습니다. 예일대학교 의과대학 정신과 박사후 연구원, 고려대학교 물리학과 연구교수, 컬럼비아대학교 의과대학 정신과 조교수를 거쳐, 현재 KAIST 뇌인지과학과 교수로 재직 중입니다. 우리 뇌가 어떻게 선택을 하는지 탐구하고 있으며, 이를 응용해서 로봇을 생각만으로 움직이게 한다거나, 사람처럼 판단하고 선택하는 인공지능을 연구하고 있습니다. 쓴 책으로는 《정재승의 과학 콘서트》(2001), 《열두 발자국》(2018) 등이 있습니다.

### 차유진 글

과거 엄청난 사건으로 엉망이 되어 버린 아우레를 어떻게 하면 멋진 행성으로 되돌릴 수 있을까, 매일 고민하는 걱정쟁이 소설가. 계원예술대학교와 한국콘텐츠진흥원 등에서 스토리 작법을 가르쳤고, 〈레너드 요원의 미스터리 보고서〉 시리즈를 기획했습니다. 〈애슬론 또봇〉, 〈정글에서 살아남기〉, 〈엉뚱발랄 콩순이와 친구들〉 등 다수의 TV 애니메이션 시나리오를 쓴 건 비밀 아님. 《알렉산드로스, 미지의 실크로드를 가다》(2012), 《우리 반 다빈치》(2020) 등 여러 권의 책을 펴냈습니다.

### 김현민 그림

일찍이 유럽으로 시장을 넓힌 대한민국의 만화가. 대학에서 산업디자인을 전공한 뒤 어릴 때 꿈을 찾아 만화가가 되었습니다. 프랑스 앙굴렘 도서전에 출품한 것을 계기로 프랑스 출판사에서 《Archibald 아치볼드》라는 모험 만화를 만들고 있습니다. 인간이 아닌 괴물이나 신기한 캐릭터 등 상상력을 발휘할 수 있는 그림을 좋아합니다. 지구와 아우레를 오가며 재미있는 그림을 그리느라 몸은 지구에서 벗어날 수 없지만, 머릿속은 항상 우주의 여행자가 되고 싶은 히치하이커.

### 백두성 감수

고려대학교에서 지질학으로 학사, 고생물학으로 석사 학위를 받고 박사 과정을 수료했습니다. 2003년 서대문자연사박물관 건립부터 학예사로 활동하였고, 2013년부터는 전시교육팀장으로 지질 분야 전시 및 교육, 표본 수집을 담당하고 광물과 화석에 대한 기획전을 개최했습니다. 도서관 과학 강연 "10월의 하늘"과 어린이책 감수를 통해 대중에게 과학을 알려 왔습니다. 노원천문우주과학관 관장으로 우주의 역사를 연구하다, 현재는 과학 기반 미래 기술 서비스 회사 그래디언트의 수석을 지내고 있습니다.

어린이를 위한 호모 사피엔스 뇌과학

2 루시를 만나다

글 차유진 정재승 | 그림 김현민 | 감수 백두성

## 펴내는 글

《인류 탐험 보고서》를 시작하며

### 시간 여행으로 지구의 과거들을 넘나들며 좌충우돌 탐험하는 라후드와 라세티의 매력 속으로

《정재승의 인간 탐구 보고서》, 재미있게 읽고 있나요? 아우레 행성에서 온 아우린들과 함께, 우리 '인간'들을 잘 관찰하고 있지요? 외계인의 눈으로 인간을 탐구하는 세상의 모든 독자 여러분들께 머리 숙여 진심으로 감사드립니다. 꾸벅.

많은 독자들이 《인간 탐구 보고서》를 읽고 또 즐겨 주시면서 라후드의 인기가 점점 치솟고 있습니다. 아우레 행성의 외계문명탐험가 라후드는 볼수록 매력적입니다. 빨리 걷는 건 너무 싫어하고요, 그냥 가만히 앉아서 생각하는 것을 훨씬 더 좋아하죠. '인간들은 참 이상하다'고 투덜거리면서도, 항상 인간에 대한 호기심으로 가득 차 있고 심지어 인간들을 점점 닮아갑니다. 이미 입맛은 거의 지구인일걸요! 게다가 매사 합리적인 아우린이지만, 점점 감정적인 인간들에게 조금씩 끌리는 것도 같습니다. 이 덩치 큰 허당 외계인 라후드는 인간을 관찰하면서 인간들을 더 깊이 이해하고 결국 사랑하게 되지 않을까 조심스럽게 기대하게 되는, 정이 가는 외계인입니다.

### 라후드의 조상을 만나다

그래서 저희가 라후드를 사랑하는 독자분들을 위해 '선물'을 드리는 마음으로 《인류 탐험 보고서》를 출간하게 됐습니다. 아우레 행성의 탐험가들은 어떻게 해서 우리 곁에 오게 됐는지 그 과거로의 여행을 보여 드리고자 합니다. 원래 아우레는 인공 항성을 만들어 에너지를 얻고 공간을 관통하는 웜홀도 자유자재로 생성해 내어 다른 은하계까지 마음대로 여행할 수 있을 만큼 놀라운 문명을 가지고 있었거든요. 그런데 지구에서 데려온 생명체 '쿠'라는 녀석 때문에 한순간 아우레 행성은 멸망의 위기에 빠지고 말죠. 결국 아우레를 구하기 위해 라후드의 조상 라세티는 300만 년 전 지구로 떠나게 됩니다.

수만 년 전 혹은 수백만 년 전, 지구는 어떤 모습이었을까요? 그 속에서 인류의 조상들은 어떻게 살고 있었을까요? 외계인들도 신기하지만 그 시기의 인간 조상들도 매우 낯설게 느껴지겠지요? 《인류 탐험 보고서》에서는 원시적인 인류의 조상 호미닌들을 만난 최첨단 시간여행 탐험가 아우린들의 흥미로운 모험담이 펼쳐집니다.

### 뇌과학에서 생물인류학으로

《인간 탐구 보고서》에서 아우레 탐사대와 함께 지구인들을 관찰하면서 뇌과학의 정수를 맛보고 계신 독자분들께 이번에는 '생물인류학'을, 좀 더 정확하게 말하자면 '고고신경생물인류학'이라는 학문을 소개하려고 합니다. 라후드의 조상 라세티가 우주선을 타고 시간 여행을 하면서 지구에서 만나게 되는 건 지금의 우리가 아니라 우리의 조상들이니까요.

이 책에선 라후드의 조상만이 아니라 우리의 조상들이 등장합니다. 지금의 인간이 아닌, 수만, 수십만, 수백만 년 전의 호미닌(Hominin, 현생인류 혹은 현생인류와 가까운 근연종들을 일컫는 말)은 어떤 뇌를 가지고 있었으며, 어떻게 진화해 지구에 생존하게 됐는지 뇌과학적이면서도 인류학적인 관점에서 보여 드릴 겁니다. 또 신경생물학적인 원리들을 이용해서 인류의 과거를 머릿속으로 '상상'해 내는 과정을 여러분들에게 직접 보여 드릴 거예요. '고고신경생물인류학'이라니, 이름만 들어도 무지 어렵고 복잡하고 무시무시해 보이지만, 실제로 이 학문을 통해서 우리는 수만 년 전의 인간이 어떻게 살았는지에 대해 흥미로운 답을 찾아낼 수 있습니다.

**역사를 좋아하는 어린이들과 청소년들에게 상상력을!**

《인류 탐험 보고서》는 뇌과학을 좋아하는 어린이들만이 아니라 역사를 좋아하는 청소년들까지도 즐길 수 있는 책일 거라 확신합니다. 역사는 인문학이고 과학과는 상당히 멀게 느껴지지만, 사실 역사야말로 굉장히 과학적인 학문이에요. 역사적인 사료나 그 시기의 작은 단서들만으로 인류 조상들이 수만 년 전에 어떻게 살았는지 머릿속으로 상상하고 역사적인 사실을 복원해 내거든요. 그러기 위해서는 그 시절에 사용했던 그릇 하나로 그 시대 사람들의 일상을 추적하는 과학적인 사고가 매우 필요합니다. 그래서 저는 '생물인류학'이야말로 그 어떤 학문들보다도 근사한 과학이라고 생각합니다. 여러분들이 이 책을 통해 그 과학의 정수를 맛보았으면 좋겠습니다.

이 책에 등장하거나 묘사되는 인류 조상들의 모습은 우리가 정답처럼 받아들여야 하는 절대적인 사실 혹은 진리가 아닙니다. 현재 남아 있는 뼛조각, 두개골의 모양, 그리고 그들이 남겨 놓은 유적과 유물, 이런 작은 단서만으로 "그 당시 인류는 이렇게 살았을 것이다."라고 추측한 것일 뿐입니다. 잘못된 부분이 있다면 여러분들이 고쳐 주세요. 오늘날의 과학 수사대가 사건 현장의 단서만으로 범인을 추적하는 것처럼, 여러분들 모두가 생물인류학 '탐정'이 돼서 과거 조상들을 머릿속으로 그려 보고 중요한 단서들을 해석해 주세요. 저는 그 상상력의 힘이 여러분들을 훌륭한 과학자의 길로 인도하리라 믿습니다.

### 우리는 어디서 왔을까? 우리 문명은 어떻게 가능했을까?

최근에 뇌과학자들은 우리 인간들과 다른 유인원들 사이의 흥미로운 차이점을 발견했습니다. 우선 놀랍게도, 두세 살 정도의 어린 시절에 우리 인간들은 대형 유인원들, 그러니까 오랑우탄이나 침팬지, 고릴라 같은 존재들과 지능적으로는 별로 차이가 없다는 것입니다. 그들도 우리 못지않게 지능적으로 발달해 있고, 우리만큼 여러 가지 지적인 행동들을 한다고 합니다.

그렇다면 어떻게 우리는 이렇게 거대한 지적 문명을 이루고 복잡한 현대사회를 만들어 냈을까요? 또 호모 네안데르탈렌시스나 호모 에렉투스, 호모 하빌리스 같은 우리의 가까운 친척들은 왜 지금까지 생존하지 못하고 모두 멸종했을까요?

이 질문에 단서를 찾기 위해서는 과거 호모 사피엔스들의 뇌가 대형 유인원들과 무엇이 달랐고, 또 이미 멸종한 다른 호미닌들과는 무엇이 달랐는지를 찾아봐야겠죠. 흥미로운 것은 우리가 그들보다 뇌의 크기가 커서 이렇게 근사한 문명을 만들어 낸 줄 알았는데, 사실 뇌의 크기는 중요한 게 아니었다는 겁니다. 오히려 서로 흉내 내고 함께 도와주면서 사회적으로 학습하는 능력, 그러니까 내가 알고 있는 걸 친구들에게 가르쳐 주고, 내가 모르는 걸 친구들로부터 배우면서 같이 협력하는 것이 약하디약한 인간이 이 위대한 문명을 만드는 데 아주 결정적인 기여를 했다는 걸 과학자들이 조금씩 알게 됐습니다.

저는 이런 인류의 진화 과정을 어린이들과 청소년들에게 가르쳐 주고 싶었어요. 인류에게 지난 수십만 년 동안 벌어져 온 일들이 지금도 여러분들의 뇌에서 벌어지고 있다는 걸 일러 주고 싶었어요. 그렇게 친구들끼리 서로 돕고 함께 학습하는 능력이 우리 호모 사피엔스의 위대함이라는 사실을요!

### 생물인류학으로 다시 만든 과거 속으로!

《인간 탐구 보고서》가 현재 우리의 모습을 이해하기 위해 뇌과학과 심리학의 입장에서 우리의 현재 모습을 낯설게 관찰하기를 시도했다면, 《인류 탐험 보고서》에선 여러 유인원들 중에서 오직 호미닌만이, 그중에서도 호모 사피엔스만이 고도의 문명을 이루게 된 배경을 외계인의 시선으로 다시 한번 들여다볼 예정입니다.

아주 낯선 인류 조상과 친숙하면서도 낯선 외계인들의 만남이 만들어 낼 좌충우돌 이야기 속에서 우리의 과거를 흥미롭게 만나 보시길 기대합니다. 사랑스런 라후드의 조상이 시간을 거슬러 탐험하는 과정에서 여러분도 인류의 과거를 발견하고 탐험하게 될 것입니다.

저는 《인류 탐험 보고서》에서 세상의 모든 어린이들과 청소년들이 '보이지 않는 과거를 과학적으로 상상하는 능력'을 가졌으면 좋겠습니다. 그것이 우리 삶을 더욱 풍성하게 해 줄 것입니다. 138억 년 동안 진화해 온 우주 속에서 100년 남짓 살아가는 작은 생명체 지구인들이 누릴 수 있는 가장 고상한 경험은 '수십만 년 동안 살아온 인류의 과거를 생생하게 상상하는 경험'일 테니까요.

자, 함께 탐험을 떠나 보자구요!

정재승 (KAIST 뇌인지과학과 교수)

# 차례

**프롤로그** 14
아우리온의 침입자

**쿠슬미의 탐사일지** 150
두 번째 보고서, 300만~150만 년 전 지구를 만나다

- 1화 라세티, 첫눈에 반하다! ……………………… 24
- 2화 안녕, 루시 ……………………………………… 38
- 3화 풍야쿵의 좌표 ………………………………… 60
- 4화 시간 감옥에 갇히다 …………………………… 76
- 5화 절벽 위의 추격전 ……………………………… 92
- 6화 미니 위성을 쏘다 ……………………………… 112
- 7화 수십 개의 눈동자 ……………………………… 132

# 위대한 ~~라쉐티~~ 쿠슬미의 모험

by 쿠슬미

뭐야, 라세티 녀석! 이런 걸 다 쓰고 있었네?
수상하게 허둥지둥 뭔가 숨기길래 뒤져 봤더니….

이런 거라면 나, 쿠슬미가 써야 하는 거 아냐?
선장만큼 모험을 확실히 꿰뚫고 있는 존재가 또 있겠냐고.
분명히 내가 해 주는 이야기가 훨씬 재미있을걸?

이 이야기를 읽는 너희들!
너희가 보고 누가 더 나은지 잘 판단해 보라고.

먼저 이 녀석이 전에 쓴 걸 좀 볼까?
어어, 이게 뭐야?
나를 그냥 겁 없는 엔지니어라고만 써 놨잖아?

안 되겠다. 탐사대를 다시 제대로 소개해 줄게.

아우리온의 선장인 나, **쿠슬미**야.
나는 아우리온의 모든 것을 담당하고 있어.
조종부터 정비까지 몽땅 다!
우주선에서뿐만 아니라 탐사 중에도,
라세티랑 캔은 나 없이는 아무것도 못 하는
겁쟁이들일 뿐! 내가 나서야 뭐든 해결된다니까.
녀석들, 말은 안 해도 이런 나를 어마어마하게
좋아하고 있을걸?

---

이 민트색 녀석의 이름은 **라세티**.
이 녀석의 머릿속은 먹을 거 아니면 엉뚱한 말로
가득 차 있는 것 같아. 툭하면 뱃살을 흔들질 않나,
우주의 기운이니 뭐니 하는 헛소릴
하질 않나. 정말 이상하다니까.
뭐, 그래도 무서운 지구 생명체가 득실거리는 곳에
뛰어들었을 때는 쪼오끔 용감했다고 해 줄까?
물론 바보 같은 행동이었지만!

얘는 **캔**이야.
쫑알쫑알 말 많은 녀석이지.
캔이 주변을 날아다니며 잔소리를 할 때면
어디론가 도망가고 싶을 정도야.
게다가 아무리 귀여운 것을 봐도 눈 하나 깜짝
안 하는, 그야말로 로봇 심장이지.
하지만 캔이 가진 여러 가지 기능들은 모험에
도움이 되니, 선장으로서 칭찬해 줄 만해!

---

**빠다** 관장님은 키벨레 아니 아우레, 아니
온 우주에서 가장 똑똑하고 능력 있는 분이셔.
내가 제일 존경하는 분이기도 하고 말이야.
얼마나 똑똑한지, 몇 시간 만에 혼자서
인공위성 하나를 만드시더라니까?
내가 그런 대단한 분의 우주선을 조종하고
관장님과 함께 탐험을 하게 되다니,
꿈만 같아!

그럼 지금부터 이 선장님의 이야기를 잘 들어 봐!
나와 관장님이 아우리온을 떠났을 때….

# 프롤로그

# 아우리온의 침입자

아우리온에 몰래 숨어든 생명체는 몸을 숨기려고 천장 위 배관으로 올라갔다.

"관장님, 어디 계세요?"

"쿠슬미, 장난치지 말고 어서 나와라!"

엔진음만 가득했던 아우리온 내부가 빠다와 쿠슬미를 찾는 외침으로 쩌렁쩌렁 울렸다. 라세티와 캔은 곧 복도에서 수상한 진흙 발자국을 발견했다.

"캔, 이 발자국 좀 봐. 쿠슬미 거 아니지?"

"앗, 관장님 것도 아니다."

"쉿!"

가만히 들어 보니 복도 끝에서 덜그럭거리는 소리가 났다. 그곳은 6개월 치 비상식량을 놓아둔 저장실이었다.

"저쪽이다! 괴물이 우리 식량을 노리고 있어!"

캔은 바닥에 널브러진 스패너를 집어 들었고 라세티도 들고 있던 우주건을 꼭 잡았다. 둘은 조심조심 저장실로 이어진 복도로 들어갔다. 복도 바닥에는 비상식량의 포장지가 여기저기 흩어져 있었다.

둘의 눈에 비친 저장실 내부는 그야말로 엉망이었다.

"으아아, 괴물이 우리 식량을 모조리 먹어 치웠어……."

# 1화

# 라세티, 첫눈에 반하다!

떨어진 건 갈색 털로 뒤덮인 작은 지구 생명체였다.

라세티와 캔이 정신을 차리고 보니 그것은 웅크린 채 꼼짝도 하지 않고 있었다.

"설마 쟤, 죽은 거 아냐? 가서 한번 찔러 봐."

캔이 라세티에게 비상용 안테나를 주며 말했다. 라세티는 완강하게 거부했다.

"난 힘쓰는 일 담당이잖아. 살펴보는 건 네 일이고!"

"이 촌스러운 외계인 녀석, 거부할 때만 용감하네. 내가 언제 살펴보라고 했냐? 찔러 보라고 했지. 어서!"

결국 라세티가 안테나를 집어 들고 다가갔다. 조심스레 안테나로 한 번 찔렀다. 지구 생명체는 잠깐 움찔했지만 더는 반응이 없었다. 겁을 잔뜩 먹었는지 오들오들 떨며 필사적으로 얼굴을 가릴 뿐이었다.

"너, 뭐 하냐? 넌 안 보여도 우린 네가 다 보이거든?"

"뭘까? 이 상황, 왜 낯설지 않지?"

라세티는 지금 상황이 쿠가 처음 키벨레에 왔을 때와 매우 닮았다는 느낌이 들었다. 빠다는 쿠도 아우린들에게 둘러싸였을 때 겁을 집어먹고 달달 떨었다고 했다. 직접 보지는 않았지만, 그때 쿠도 이런 모습이 아니었을까?

"저 녀석, 어딘가 쿠와 닮지 않았어?"

캔은 갸우뚱했지만, 라세티는 확신했다.

"맞네. 쿠다, 쿠야! 야호, 찾았다! 쿠가 제 발로 왔다!"

"야, 야! 잠깐 기다려 봐. 스캔해 볼게."

캔은 지구 생명체를 집중적으로 스캔했다.

"키는 80cm, 몸무게는 11kg."

"그게 큰 거냐, 작은 거냐?"

"나도 모르지."

"그럼 쿠는 맞는 거야?"

"그것도 모르지."

캔의 데이터 분석 기능은 객관적인 수치만 보여 줄 수 있는 수준이었다. 게다가 지구 생명체의 기본 정보가 없으니, 겨우 이 정도로 정체를 알아낼 수는 없었다.

"분석도 안 되면서 스캔은 왜 한 거냐?"

"그냥 해 본 거지, 뭐."

들으나 마나 한 소리였다. 캔은 늘 이런 식이었다. 엄청 똑똑한 척 말하지만, 다 듣고 나면 아무것도 아닌 경우가 다반사였다. 하긴, 아우레의 생명체도 아니고 수백 광년 떨어진 행성의, 수백만 년 전 생명체의 정보를 단박에 알아내는 게 무리이기는 하지.

"그럼 이제 얘를 어쩌지? 얘가 문제를 일으킨 건 맞잖아."

"그냥 둬. 우리를 공격하진 않을 것 같으니까."

그렇게 지구 생명체 조사는 시시하게 끝나고 말았다.

"우린 아우리온 내부를 좀 더 살펴보자. 관장님과 쿠슬미가 단서를 남겼을지도 몰라."

둘은 엔진실과 복도, 환풍구까지 모조리 뒤졌지만, 지구 생명체가 어질러 놓은 흔적 외에는 어떤 수상한 점도 없었다.

"어쩌지? 우주선 안에는 없나 본데."

"정말 밖을 살펴봐야 할까?"

둘 다 관장님과 쿠슬미가 걱정되긴 했지만, 도저히 나갈 엄두가 나지 않았다. 밖에서 만난 지구 생명체들은 만만하지 않아 보였다.

그때 조종실을 살피던 캔이 다행이라는 듯 말했다.

"어, 관장님이 오라클을 가지고 나가셨나 봐."

오라클이 있으면 아우리온과 교신할 수 있었다.

"그럼 안심. 급하면 연락을 하시겠지. 여기서 기다리자!"

"…그, 그럴까?"

캔이 통역 프로그램으로 지구 생명체와 대화를 시도했다. 그러나 지구 생명체는 아우레 말도, 다른 우주 언어도 알아듣지 못하는 것 같았다.

결국 라세티가 먼저 빗자루를 집어 들었다.

"나 진짜 이거 하나만 먹고 싶다. 이 녀석, 비상식량을 몽땅 먹어 버리다니……."

라세티는 빈 껍데기를 빨며 투덜거렸다.

"나중에 우리가 다 뒤집어쓰는 거 아냐?"

라세티는 지구 생명체를 '루시'라고 부르기로 했다. 루시도 르도르 맛 비상식량을 훔쳐 먹은 범인이 이 녀석이라고 분명히 하기 위해서!

캔은 쿠인지 아닌지 알 수 없다고 말했지만, 라세티는 시간이 지날수록 이 생명체가 쿠일 거라는 확신이 들었다. 쿠를 '귀여워서' 데리고 왔다는 풍야쿵의 말 때문이었다. 바로 지금 루시의 모습이 귀여운 거 맞지 않나?

"너, 혹시 풍야쿵을 만난 적 있니?"

루시는 아무런 대꾸를 하지 않았다.

"아니면……, 아직 만나기 전인가?"

그때 루시가 라세티에게 다가오더니 냉큼 등에 올라탔다.

"으아악! 왜 이래? 저리 떨어져!"

귀엽긴 해도 어떤 바이러스가 있을지 모르는 지구 생명체가 달라붙자 라세티는 기겁했다. 루시를 떨어뜨리려고 방방 뛰어 봤지만, 그럴수록 루시는 라세티의 털을 더 꼭 붙잡았다.

"으아아아, 캔! 이것 좀 떼 줘!"

하지만 오라클의 신호를 추적하는 데 온통 정신이 팔린 캔은 라세티를 도와줄 여유가 없었다.

"조그만 녀석이 뭐가 무섭다고 그래? 어차피 도망 못 가게 붙들고 있어야 하는데 잘됐네. 그냥 그렇게 업고 있어."

루시는 라세티가 한바탕 흔들어 댄 게 재미있었는지 환하게 웃었다. 그러고는 라세티의 목덜미에 머리를 기댔다.

"휴……, 그래. 어차피 내려갈 생각도 없나 봐."

밤이 지나고 날이 밝을 때까지 오라클의 신호는 잡히지 않았다. 캔은 슬슬 걱정되었다. 오라클의 배터리가 닳았을 수도 있지만, 빠다가 오라클을 누군가에게 빼앗겼을 수도 있었다.

'설마 저 녀석의 무리가 둘을 납치한 건 아니겠지?'

루시는 약해 보이지만 이 녀석의 무리에는 강한 놈들이 있을 수 있다. 놈들이 관장님과 쿠슬미를 납치해 떠나 버렸는데, 루시가 비상식량을 먹느라 미처 따라가지 못한 것이라면?

캔은 정신이 번쩍 들었다.

"라세티, 어서 그 녀석을 묶어! 인질로 삼아야 해!"

캔은 이 사태가 아우리온 승무원들이 납치된 중대한 사건이라고 호들갑을 떨었다.

"묶으라고? 꼭 그렇게까지 해야 돼?"

"당장 묶어! 그래야 포로를 교환할 수 있다고!"

라세티의 등에 업힌 루시는 전혀 위협적인 존재로 느껴지지 않았다. 이렇게 작고 여린 생명체를 밧줄로 묶으라니. 역시 캔은 매정하기 그지없었다.

라세티는 한 가지 꾀를 냈다. 다짜고짜 캔의 몸에서 로프를 꺼내, 그걸로 루시와 캔을 함께 꽁꽁 묶었다. 정확히는 그러는 '척'을 했다.

"어, 어! 너 뭐 하는 거야?!"

"후후, 범인과 형사는 한 수갑을 찬다는 거 몰라? 달아날지도 모르니까 너한테 묶어 놓으면 안전할 거 아냐."

자신보다 더 큰 지구 생명체랑 붙어 있으라니. 캔은 절대 그럴 수 없다며 고래고래 소리를 질러 댔지만, 라세티는 들은 척도 안 하고 계속 묶는 시늉을 했다.

"아, 생각이 바뀌었어. 묶지 말자! 개 풀어 줘!"

라세티는 회심의 미소를 지었다. 루시를 구한 기분이었다.

그때였다. 조종석 화면이 찌지직거리며 오라클의 신호가 잡혔다.

빠다와 쿠슬미는 아무리 기다려도 라세티와 캔이 오지 않자 둘을 찾으러 나왔다가 길을 잃은 것이었다. 루시의 일행에게 납치된 게 아니라니, 캔은 천만다행이라고 생각했다.

"좌표를 보낼 테니까 아우리온에 있는 수신기를 들고 당장 이쪽으로 와라."

"네, 지금 갈게요!"

# 2화

# 안녕, 루시

"여긴가 본데? 관장님! 쿠슬미!"

아무리 불러도 빠다 관장과 쿠슬미는 대답하지 않았다.

허기지고 지친 라세티는 나무 그늘에 풀썩 앉았다.

"그나저나 이 물 좀 봐. 투명해. 엄청 깨끗한가 봐."

강가에 자리 잡은 라세티는 배고픔도 잊은 채 멍하니 주변을 둘러보았다. 푸른 하늘에 흰 구름이 피어오르고 있었다. 넓은 강변을 따라 늘어선 싱그러운 나무들이 짙은 그늘을 만들었다. 강물도 구름처럼 유유히 흘러갔다. 무척 고요했다.

라세티가 감상에 젖어 있는 동안 루시가 라세티의 등에서 내려와 물 쪽으로 걸어갔다. 물속에 들어가 찰방찰방 물장구도 쳤다.

"야! 멀리 가지 마!"

라세티는 이제 거의 보호자 모드였다. 하지만 이렇게 조용하고 평화로운데 위험한 것이 있을까 싶기도 했다. 위협적으로 느껴지는 다른 생명체도 보이지 않았다.

라세티는 그 자리에 벌렁 드러누웠다.

 캔이 정찰을 준비하는 동안, 라세티는 온몸의 긴장을 풀고 루시가 놀고 있는 강을 느긋하게 바라보았다. 모처럼 편안하게 지구의 기운을 받는 중이었다.

 시원해 보이는 강물, 그 속에 들어가 물장난을 치는 루시, 살랑살랑 부는 바람, 그리고 루시 주변에 조금씩 다가오는 작은 눈들, 수면에 떠오르는 갑옷 같은 피부가 하나… 둘……, 엥?

 라세티가 벌떡 일어나 눈을 번쩍 떴다.

 "저게 뭐지?"

라세티는 눈을 비비고 다시 그쪽을 쳐다보았다.

"으헉, 안 돼!"

라세티는 외마디 비명과 함께 날아오르려던 캔을 와락 잡더니 정신없이 강을 향해 달렸다.

"뭐야! 왜 이래? 놔! 놔!"

덩치가 커다란 라세티가 캔에게 매달리다시피 하자 캔이 놀라서 떼어 내려 했지만, 라세티는 캔을 놔주지 않았다.

"루시가 위험해!"

강가에 가까이 가자, 상황이 분명하게 보였다. 갑옷 같은 피부를 가진 동물들이 루시를 둘러싸고 모여들고 있었다.

"같이 놀려는 거 아냐? 으르렁거리지도 않잖아. 그나저나 이거 좀 놔! 날 왜 잡고 있는 거야?"

귀찮은 거라면 딱 질색인 캔이 라세티의 손아귀에서 벗어나려고 낑낑대며 말했다. 그러나 라세티는 저것들이 루시의 친구일 리가 없다고 생각했다. 놈들의 눈빛이 심상치 않았다.

"루시, 내가 간다! 조금만 기다려!"

라세티의 생각이 옳았다는 게 곧 드러났다. 루시를 둘러싼 갑옷 생명체들이 갑자기 입을 크게 벌리고 달려든 것이었다.

"캔! 루시한테 가야 돼! 어서!"

"야! 너까지 매달고 내가 어떻게 비행을 해?!"

　라세티는 물속 생명체들의 등을 징검다리처럼 폴짝폴짝 밟으며 도망치려 했다. 하지만 라세티가 움직일수록 물속의 생명체들은 입을 더 크게 벌리고 라세티를 위협했다.

"으아아, 캔! 어떻게 좀 해 봐!"

"그러게 왜 들어왔냐고!"

"빨리 따꼼레이저를! 후읍, 후읍!"

라세티가 아슬아슬하게 콩콩대며 소리쳤다.

"그게 통하겠냐? 쟤네 피부를 봐!"

캔은 소용없을 거라고 말하면서도, 어쩔 수 없이 유일한 무기인 따꼼레이저를 발사하기 시작했다.

따꼼레이저는 다행히 효과가 있었다. 물속 생명체들은 따꼼레이저의 자극에 놀랐는지 배를 드러내며 첨벙거렸다. 자신감이 생긴 캔은 신이 나서 레이저를 발사했다.

"으하하, 이놈들. 나의 레이저 맛이 어떠냐!"

지지지직……. 픽, 픽.

그러나 거기까지. 따꼼레이저는 곧 방전되고 말았다. 땅에서 캐낸 쓰레기에 붙은 이물질을 제거하기 위해 만들어진 따꼼레이저는 애초에 공격용도 아니었고, 이렇게 마구 쓸 만큼 에너지가 충분하지도 않았다. 누구보다 캔이 이 사실을 잘 알고 있었지만, 신나게 쏘다가 그만 깜빡한 것이었다.

따꼼레이저에 놀라 잠시 기절했던 물속 생명체들은 금세 깨어났다. 아까보다 흥분한 녀석들은 라세티와 루시를 금방이라도 삼켜 버릴 기세였다.

"으아아아, 상황이 더 안 좋아졌잖아!"

캔이 물속 생명체가 없는 반대쪽 수면을 가리켰다.

"저쪽으로 헤엄쳐서 나와!"

라세티가 크게 심호흡을 하고 두 발을 뗀 순간……!

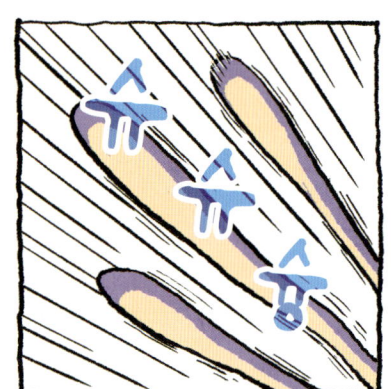

"아니, 위험하게 왜 저기 들어가 있어?"

"관장님! 쿠슬미!"

라세티와 루시가 커다란 입에 삼켜지기 직전, 쿠슬미의 긴 촉수가 뻗어 와 둘을 휘감았다. 빠다와 쿠슬미는 라세티와 캔이 허둥지둥하던 강에서 가까운 나무 위에 있었다.

"촌계들, 나한테 빚졌다. 잊지 마라!"

"진작 도와줬으면 좋았잖아! 죽는 줄 알았다고!"

라세티와 쿠슬미가 투닥대는 사이, 빠다가 라세티에게 안긴 루시를 발견했다.

"아우리온에 들어왔다던 생명체가 이 녀석이냐?"

빠다는 루시를 요리조리 살피더니 단박에 말했다.

"쿠가 아니다."

라세티는 빠다에게 한 번 더 보라며 다그쳤다.

"풍야쿵 장군이 지구 생명체를 귀여워서 데리고 왔다면서요. 얘도 엄청 귀엽다고요. 자세히 보세요!"

빠다는 더 볼 것도 없다는 듯 말했다.

"머리뼈를 만져 봐라. 이마가 짧고 뒤로 확 누워 있지? 저러면 뇌가 쿠만큼 커질 수가 없어. 게다가 아우리온에서 쿠에 대한 중요한 정보를 찾았다. 돌아가면 자세히 설명해 주지. 이 녀석은 그만 돌려보내!"

쿠를 가장 잘 아는 빠다가 단호하게 아니라고 하니, 라세티도 더는 고집을 피울 수가 없었다.

나무에서 내려가려던 라세티가 아래를 보더니 기겁하며 소리쳤다.

"으아아, 나무 아래에 그놈들이 잔뜩 있어!"

좋은 먹잇감을 놓쳐 버린 물속 생명체들은 라세티 일행이 올라간 나무 아래로 몰려들고 있었다.

"이거 왠지 상황이 점점 나빠지는 것 같은데?"

탐사대가 나무에서 내려갈 방법을 놓고 고민하는 사이, 라세티의 등에 업힌 루시가 멀리, 숲이 있는 쪽을 보더니 가만히 웃기 시작했다. 숲에서 하나둘, 생명체들이 모습을 드러냈다. 전부 루시와 생김새가 같았다.

루시가 라세티의 등에서 내려와 쪼르르 나뭇가지 끝으로 가, 자신의 모습을 그들에게 드러냈다. 루시의 종족들은 루시를 확인하자 천천히 다가왔다.

그들은 긴장한 모습으로 주변에서 돌과 막대기 따위를 주워들더니 물속 생물들을 향해 마구 던졌다. 조금은 겁을 먹은 표정이었지만, 그래도 루시를 구하기 위해서인지 작정하고 달려드는 모양새였다.

　잠시 뒤 물속 생명체들이 스르륵 강물로 들어가 사라지고, 라세티 일행은 안전하게 땅으로 내려올 수 있었다.
　루시가 무리에게 다가가자, 무리는 루시의 머리와 털을 어루만지더니 루시를 데리고 숲 쪽으로 돌아갔다. 마치 사라진 루시를 찾았으니 다시 집으로 가자는 것처럼.

루시 일행의 뒷모습을 보며 라세티가 낮게 웅얼거렸다.

"루시 엄마인가 봐. 손을 꼭 잡고 가네."

쿠슬미는 매서운 눈으로 루시 일행의 뒷모습을 노려보았다.

"저 녀석이 비상식량을 다 먹어 버렸다는 거지?"

쿠슬미의 눈에 루시는 그저 비상식량 도둑일 뿐이었다.

"이제 어쩌지? 우주선에 비상식량은 필수품이야. 뭐라도 채워 놓아야 하는데."

루시와 헤어지는 것이 못내 아쉬웠던 라세티는 얼른 핑곗거리를 떠올렸다.

"아까 쟤네가 열매를 들고 있지 않았어? 한번 따라가 보자. 먹을 수 있는 열매가 있는 곳을 알지도 몰라!"

라세티의 예감은 들어맞았다. 숲속으로 들어간 루시 종족들은 아까 봤던 빨간 열매가 주렁주렁 열린 곳에서 멈추었다. 그리고 익숙한 듯 곳곳에 자리를 잡았다.

"저거 봐! 내 말이 맞지? 저걸 따서 가자!"

라세티는 얼른 나무로 다가갔다.

"저, 저걸 먹겠다고?"

쿠슬미는 불안한 표정을 지었다.

"여기 촌계가 하나 더 있네. 지구 열매가 얼마나 맛있는데."

"맛은 둘째 치고, 저걸 따다가 공격이라도 받으면 어떡해?!"

하지만 쿠슬미의 걱정과 달리, 루시의 종족들은 가까이 다가가는 라세티 일행을 불편해하지도, 공격하지도 않았다.

아우린들이 조심스럽게 열매를 따자, 루시 무리도 아우린들의 행동을 보고는 긴 팔로 이 나무 저 나무를 옮겨 다니며 열매를 따 모았다.

"저번에 열매를 던지던 녀석들과 확실히 달라."

루시 무리를 관찰하던 캔이 의미심장하게 말했다.

"또 뭐가?"

"그 녀석들은 우릴 쫓아올 때 팔도 다리처럼 사용했거든. 네 발로 달렸다고. 그런데 얘네는 두 발로 걷잖아. 걸을 땐 다리만 사용하고 팔은 사용하지 않아."

"그러네. 그래서 손을 잘 쓰나 봐."

루시 종족들은 여기저기서 한가득 딴 열매를 아우린들 앞에 우르르 쏟아부었다. 덕분에 비상식량용 열매가 아주 빨리 모였다.

"와~, 이걸 다 우리 주는 건가 봐! 내가 아까 루시한테 얼마나 잘해 줬는지 얘네들도 아는 거라고."

시간이 지나자 루시의 종족들은 하나둘 나무 위로 올라갔다. 루시도 그들을 따라가더니 나뭇가지를 구부려 가며 둥지를 만들고 편안한 자세로 누웠다.

루시 종족들이 잘 준비를 하자 빠다가 재촉했다.

"자려나 보다. 이제 열매들을 챙겨서 가자꾸나."

캔과 쿠슬미가 들고 갈 수 있는 만큼 열매를 챙기는 동안, 라세티는 루시와 작별 인사를 했다. 어느새 나무에서 내려온 루시가 라세티의 가슴에 올라타더니 볼을 가만히 가져다 댔다. 라세티가 떠나는 줄 아는 모양이었다.
 "잘 있어, 루시. 꼭 다시 보자!"
 루시를 꼭 끌어안는 라세티의 모습에서 마치 오랜 친구를 두고 떠나는 듯한 아쉬움이 묻어났다.

캔이 분위기를 확 깼다.

"다시 왜 만나? 여긴 쿠도 없는데! 자꾸 모르는 생물한테 정 주지 마. 우리가 단체로 위험해질 수 있으니까."

"매정한 녀석! 루시 덕분에 우리가 안전한 줄 알아!"

"시끄러워, 촌계야! 너 때문에 먹힐 뻔한 게 몇 번인데!"

라세티와 캔이 또 티격태격했다. 쿠슬미도 참지 못하고 끼어들었다.

"어휴, 그만 좀 해. 지금 여기서 너희가 제일 시끄럽거든!"

해가 지고 있었다. 루시가 멀어지는 라세티 일행의 뒷모습을 끝까지 바라보았다.

# 3화

# 풍야쿵의 좌표

라세티와 캔이 떠나 있는 동안 빠다와 쿠슬미는 아우리온이 엉뚱한 곳에 온 이유에 관한 중요한 단서를 찾아낸 상태였다.

아우리온으로 돌아오자, 빠다는 라세티와 캔에게 지금까지 알아낸 것을 얘기해 주었다. 풍야쿵의 항로는 처음부터 아우리온에 저장되어 있었고, 그 좌표만 따라가면 되는 거였다고.

라세티는 콧김을 푹푹 내쉬며 흥분했다.

"그럼 여기 쿠가 있는 게 맞는 거죠? 아까 루시가 진짜 쿠 아니에요?"

그러자 쿠슬미가 찬물을 끼얹었다.

"으이그, 답답해. 우리는 쿠가 있는 곳으로 온 게 아니라고!"

그게 무슨 소린지 몰라 눈을 말똥거리는 라세티와 캔에게 빠다가 설명했다.

"쿠가 살던 때는 지금보다 훨씬 이후의 시대야. 우리는 아직 한참 더 시간 여행을 해야 한다."

"좌표를 알고 있었는데 왜 거기로 가지 않은 거예요?"

빠다는 사고 당시의 상황부터 설명을 시작했다.

"키벨레가 추락하던 때부터 이야기해 주어야 너희들이 이해하기 쉬울 것 같구나. 당시 키벨레의 관장이던 나는 인공 항성계 설계에 참고할 정보를 수집하기 위해 은하계 곳곳으로 탐사대를 보냈지. 키벨레에서는 그들이 가져오는 놀라운 우주의 정보들을 모아서 분석하고, 추론하고, 연구해서 새로운 지식들을 만들어 냈어."

"이해가 안 되네. 아우리온이 우리 때문에 추락한 것도 아니고, 아우리온이 잘못된 시대로 온 게 왜 우리 탓이냐?"

그러자 쿠슬미가 눈을 흘기며 둘에게 핀잔을 주었다.

"너희가 오랫동안 깔고 앉아서 아우리온을 엉망으로 사용하니까 이런 문제가 발생한 거잖아!"

"엥? 무슨 소리야?"

"너희가 아우리온의 중앙 처리 장치를 어찌나 험하게 썼는지, 좌표를 계산하는 능력이 모두 망가져 버렸다고!"

진실을 알게 되자 라세티는 절망하고 말았다. 아우레 최고의 영웅이 될 기회를 스스로 놓치게 된 것인가!

"그렇다면 좌표를 알아도 아우리온이 좌표대로 데려가 주지 못한단 말이에요?"

"그럼 쿠가 살던 시대로 영영 갈 수 없는 거예요?"

울상이 된 라세티와 캔을 보며 쿠슬미는 구박 대신 회심의 미소를 지었다.

"아니, 갈 수 있어! 너희가 밖에서 지구를 구경하는 동안, 관장님과 내가 중앙 처리 장치를 완벽하게 복구했으니까!"

"진짜?"

"야! 진작 그것부터 말해 줬어야지!"

탐사대는 드디어 오래전 풍야쿵이 갔던, 진짜 쿠가 있는 곳으로 떠날 채비를 했다.

풍야쿵의 좌표는 이진수와 아우레 문자, 그리고 우주 진법으로 구성된 서른네 자리 문자였다.

'이 좌표를 외워 두어야겠어. 혹시 모르니······.'

쿠슬미와 라세티, 캔이 분주하게 지구에서의 마지막이 될지도 모르는 시간 여행을 준비하는 동안, 빠다는 가만히 좌표를 외우기 시작했다. 이번에는 운이 좋아 무사히 해결했지만 만약 아우리온에 또다시 문제가 생긴다면, 그때는 정말 탐사대의 안전을 장담할 수 없었다.

이 모습을 쿠슬미가 한쪽에서 지켜보고 있었다.

'설마 저걸 다 외우시려는 거야? 저 복잡한 게 외워지나? 이제 한 번만 시간 여행을 하면 끝인데, 걱정도 많으셔.'

좌표를 외운 빠다는 흡족한 표정으로 일행을 재촉했다.

"자, 이제 진짜 쿠를 찾으러 다시 출발해 볼까?"

"네!"

탐사대는 각자의 자리에서 안전벨트를 매고 시간 이동을 준비했다. 빠다가 출발 명령을 내렸고 쿠슬미가 레버를 당겼다. 아우리온은 웅장하고 밝은 빛을 내며 떠올랐다. 그리고 순식간에 허공 속으로 사라졌다.

다행히 운석이나 정체를 알 수 없는 이상기류는 만나지 않았다. 이 웜홀만 무사히 통과하면 풍야쿵이 갔던 시대, 쿠가 있는 장소에 도착할 것이다.

"쿠와 풍야쿵 장군 중 누굴 먼저 만나게 될지 긴장되는군."

"걱정 마세요. 누구든 이 라세티 님이 단박에 제압해 버릴 테니까!"

"라세티, 호기롭구나. 풍야쿵 장군에 대적할 만한 상대는 아우레에 없었다는 걸 모르는 모양이지?"

"그건 관장님 시대의 이야기고요, 라세티의 시대는 달라요!"

한 번 웜홀을 통과해 본 일행은 처음처럼 떨지 않았다. 탐사대는 저마다 농담을 주고받으며 도착을 준비했다.

하지만 모두의 긴장이 풀어지고 마지막을 향하려던 그 순간, 갑자기 아우리온이 흔들리기 시작했다.

　　쿠슬미의 현란한 조종에도 불구하고 아우리온은 뱅글뱅글 돌며 점점 느리게 움직였다.

　　"으아아아~! 어~지~러업~다아!"

　　"관장님, 아우리온이 전혀 말을 듣지 않아요! 시스템도 점점 느려지고 있어요!"

　　웜홀을 빠져나가기 직전, 아우리온은 또 이상을 일으키고 말았다. 이미 웜홀의 90% 이상을 통과했지만, 더 나아갔다가는 아우리온이 파괴될 것 같았다.

　　"안 되겠다. 쿠슬미, 되돌아가자!"

하지만 쿠슬미는 대답하지 않았다.

"쿠슬미, 되돌아가자니까!"

"……."

우주선은 너무나도 조용했다. 뒤늦게 이상함을 느낀 빠다가 주위를 둘러보았다. 그리고 맙소사!

빠다는 경악했다.

무섭다고 소리를 질러 대던 캔도, 허우적거리던 라세티도, 조종간을 움켜잡은 쿠슬미도 동상처럼 굳은 채 움직이지 않았다.

빠다는 안전벨트를 풀고 쿠슬미를 깨우려고 다가갔다. 쿠슬미를 만지려 하자 홀로그램처럼 손이 통과해 버렸다. 라세티도, 캔도 마찬가지였다.

아우리온 내부는 마치 영화 속 한 장면처럼 멈춘 것 같았다.

"으아아아! 얘들아, 이게 어떻게 된 거냐?"

빠다는 두려움을 느꼈다. 아우리온 내부는 마치 시간이 멈춘 것처럼……. 잠깐, 시간……?

"서… 설마."

빠다의 머릿속에 무서운 시나리오가 떠올랐다.

# 4화

# 시간 감옥에 갇히다

'시간 감옥'이었다. 그것은 시간을 거슬러 이동해야 하는 타임머신 조종사들이 가장 두려워하는 것이었다. 시간 여행 중 시간이 점점 느려지다 완전히 멈춰 버리면 우주선은 영영 정지된 웜홀 안에 갇히게 되는데, 이걸 시간 감옥이라고 한다. 이 현상이 왜 일어나는지는 밝혀지지 않았다.

이런 때를 대비해서 타임머신들은 시간 감옥에 갇히기 직전에 왔던 길로 되돌아가게끔 설계되어 있었다. 아우리온에도 그런 시스템이 있었지만, 불행히도 작동하지 않았다. 어쩌면 다른 문제가 있는 것일지도 모르지만.

빠다가 아무리 흔들어 깨우려 해도, 쿠슬미와 라세티, 캔은 작은 움직임조차 없었다.

"시간 감옥에 갇힌 게 분명한데, 왜 나만 멀쩡하지? 설마 나 때문에 시작 지점으로 되돌아가는 명령도 통하지 않은 걸까?"

골똘히 생각하던 빠다는 하나의 결론에 도달했다.

"이전에 홀로그램 상태로 바뀌었던 것 때문일까? 지난번 인피니티가 내 몸이 형체를 갖게 해 줄 때……, 아! 몸의 분자 구조가 완전히 바뀌어 버린 거야!"

그것 말고는 웜홀도, 웜홀 속에 갇힌 우주선도, 그 안의 생명체까지 모두 정지해 버린 상황에 혼자만 아무런 영향을 받지 않은 것을 달리 설명할 길이 없었다.

"그렇다면 이 상황을 해결할 수 있는 것도 나뿐이란 얘기군."

우선 아우리온을 시간 감옥에서 빼내야만 했다.

빠다는 아우리온을 움직이기 위해 여러 방법을 시도했다.

하지만 아우리온이 꿈쩍도 하지 않자, 빠다는 점점 초조해졌다. 이성적인 판단 대신 요행을 바라며 아무 버튼이나 눌러 대기까지 했지만, 모두 소용없었다.

모든 시도가 실패하자 빠다도 그만 이성을 놓고 말았다.

"제발 좀 움직여 보라고! 우주의 어느 행성으로 떨어져도 상관없으니까!"

그 순간, 고요했던 아우리온에 작은 기계음이 들리기 시작했다.

머리를 부딪힌 빠다는 까무룩 기절하고 말았다. 그 사이 빠다가 계기판에 가한 충격으로 서서히 움직이기 시작한 아우리온은 어느 좌표를 향해 빠른 속도로 웜홀을 빠져나갔다.

아우리온은 다행히 지구 상공에 다시 나타났다.

시간 감옥에 갇혀 꼼짝 못 하던 쿠슬미와 라세티, 캔은 바로 정신을 차렸다. 그들이 그림처럼 멈춰 있던 동안 무슨 일이 있었는지는 상상도 하지 못한 채.

우주선 밖의 풍경은 출발할 때 보았던 300만 년 전의 지구와 크게 다르지 않았다.

"시간 여행에 성공한 거 맞아? 실패인가? 아까 우주선이 말을 듣지 않았던 것 같은데……."

조종석에 앉은 쿠슬미는 어떤 상황인지 아리송했다.

"으악! 관장님은 왜 또 저기서 저러고 계셔?!"

라세티가 구석에서 기절해 있는 빠다를 발견하고 소리쳤다. 캔이 다가가 빠다를 흔들었다.

"관장님! 눈 좀 떠 보세요. 아니, 왜 여기까지 굴러오셨어요?"

대원들은 빠다가 좀처럼 눈을 뜨지 못하는 것이 머리에 강한 충격을 받았기 때문이라고 결론지었다. 아우리온을 시간 감옥에서 탈출시키려다 무슨 일이 일어났을 거라고는 누구도 생각하지 못했다.

아우리온의 선장인 쿠슬미가 결정을 내려야 했다.

"일단 착륙할게. 아우리온 상태가 불안정해서 계속 공중에 떠 있을 수 없어."

쿠슬미는 천천히 아래로 내려갔다. 아우리온의 조종석 화면에는 계속해서 경고 창이 떠올랐다.

**시스템 안정화가 필요합니다.**

"알았다고. 지금 너 이상한 거 우리 다 알거든? 내려가서 제대로 손봐 줄게."

쿠슬미는 아우리온의 모니터를 보며 눈을 흘겼다. 아우리온은 다행히 착륙하는 데는 큰 문제가 없었다.

"뭐냐. 시간 여행을 한 거야, 만 거야?"

"대체 시간을 얼마나 건너뛴 거야?"

쿠슬미가 다급히 버튼을 눌러 대며 말했다.

"이상해. 현재의 시대와 장소에 대한 분석을 시켰는데 전혀 말을 듣지 않아!"

아우리온은 쿠슬미의 명령에 어떠한 답도 하지 않았다.

**좌표 검색이 불가합니다.**

그러다 급기야…….

**시스템 접근이 제한됩니다.**

"으아아아, 아우리온이 잠기고 말았어!"

아우리온은 핵심 정보를 활용할 수 있는 시스템의 접근을 차단해 버렸다. 아우리온 시스템에 부적절한 접근이 시도되었다고 판단한 것이다. 왜 이런 일이 생긴 것인지 셋은 도무지 알 수가 없었다.

"관장님 좀 깨워 봐. 이 문제를 해결할 수 있는 건 관장님밖에 없어."

"비켜! 그러다 관장님 다치시겠다!"

쿠슬미는 있는 힘껏 빠다를 흔들어 대는 라세티를 밀어냈다. 그리고 빠다를 캡슐에 눕히고, 의료 장비 상자에서 안정제 주사를 꺼내 조심스레 놓았다. 온갖 헛소리를 늘어놓던 빠다는 곧 깊은 잠에 빠져들었다.

쿠슬미는 아우리온을 자동 점검 모드로 바꾸었다. 아우리온 스스로 상태를 진단할 수 있는 최소한의 전력 외에 모든 시스템이 꺼졌다.

"이거, 겨울잠 같은 거냐?"

"비슷하지. 문제를 파악할 때까지 휴식 상태에 들어가는 거야."

"그럼 관장님도 아우리온도 잠들었으니, 우리는 쿠를 잡아 오자!"

시간 감옥에 갇혔을 때 빠다가 엉뚱한 좌표를 입력한 것을 모르는 라세티는 현재 위치가 쿠가 사는 지구라고 믿었다.

쿠슬미는 반대했다.

"관장님을 저렇게 두고 나갈 순 없어."

라세티가 주사약 봉투를 보이며 말했다.

"이걸 맞으면 반나절은 죽은 듯 잠든다고 쓰여 있잖아. 우리가 옆에 있으나 없으나 관장님은 계속 주무실 거야."

"뭐, 틀린 말은 아니네."

깐깐한 캔마저 라세티 의견에 동의하자 쿠슬미는 고민했다. 아우리온 출입구를 단단히 잠가 놓는다면 문제가 없을 것 같았다. 만일에 대비해 라세티는 우주건을 챙겼다. 캔도 따끔레이저를 급속 충전했다. 라세티가 캔을 보고 피식 웃었다.

"그게 필요할까?"

"야! 위험할 때마다 우릴 구한 건 이거라고."

쿠슬미는 빠다가 깨어났을 때 아우리온과 교신할 수 있도록 오라클을 챙겨 조심조심 우주선 밖으로 나갔다.

또 다른 지구를 만나기 위해.

# 5화

# 절벽 위의 추격전

호기롭게 나섰던 라세티는 곧 땀을 뻘뻘 흘리며 뒤처졌다. 털북숭이 라세티에게 이번 지구는 너무 더웠다. 넓게 펼쳐진 들판은 잡초만 보일 뿐, 풀풀 흙먼지가 날리고 메말라 있었다. 쿠가 이렇게 황량한 곳에서 살았을 줄이야.

"으악, 난 더 못 가겠다!"

라세티가 흙바닥에 벌렁 드러누워 버렸다.

이곳은 루시가 살던 지구와 달랐다. 살랑살랑 바람이 불고 푸른 하늘에 유유히 구름이 지나가는 그런 곳이 아니었다.

라세티의 배 위로 무언가가 올라왔다.

"이, 이게 뭐야?!"

라세티가 놀라 비명을 지르며 몸을 일으켰다. 라세티의 배 위에 코가 살포시 들린 작은 지구 생명체가 있었다.

"이것 봐~, 엄청 귀여운 녀석이 왔는걸?"

라세티가 안아 들자 지구 생명체가 작은 코를 킁킁대며 라세티의 볼을 핥았다.

"너 지구 생명체들한테 인기 많다?"

쿠슬미도 웬일로 지구 생명체가 귀엽다며 다가왔다.

"버려! 엄청난 병균을 뿌리는 괴물일지도 모른다고!"

캔 혼자만 내다 버리라고 꽥꽥 소리를 질렀다. 라세티는 캔이 따끔레이저라도 쏠까 봐 지구 생명체를 뒤로 감추었다.

"진정해. 무슨 소리가 들리는 것 같은데?"

"딴청 부리지 마. 이번에도 네 배에서 나는 꼬르륵 소리겠지!"

하지만 캔이 입을 다물자, 확실히 주변에서 꿀꿀거리는 소리가 들렸다. 소리의 출처는 땅속으로 난 근처의 작은 굴이었다. 라세티가 용감하게 손을 쑥 넣었지만, 곧 비명을 지르며 빼냈다.

"왜? 뭔데? 물렸어?"

"아니, 뭔가 몰랑한 게 있어."

어디선가 나타난 거대한 생명체가 이 조그만 생명체들의 어미라는 것은 너무도 쉽게 알 수 있었다. 캔이 들고 있는 한 마리를 제외한 나머지가 쪼르르 그쪽으로 갔으니까. 무시무시한 두 쌍의 엄니를 가진 어미가 캔을 노려보았다. 정확히 말하면, 새끼를 들고 있는 캔을 노려보았다.

어미는 거친 숨을 내쉬더니 괴성을 내질렀다.

꽤애애애애액!

"으아아아아, 달려!"

캔이 허공으로 날아올랐다. 라세티와 쿠슬미도 달렸다.

두두두두! 화가 난 어미가 흙먼지를 피우며 무서운 속도로 쫓아오기 시작했다. 쿠슬미가 캔에게 소리쳤다.

"야! 새끼를 내려놔! 그것 때문에 쫓아오는 거잖아!"

하지만 캔은 쿠슬미 말이 들리지 않는 모양이었다. 캔은 새끼를 더욱 세게 움켜쥔 채 허둥지둥 달아났다.

아차! 잠시 뒤 라세티와 쿠슬미는 뭔가 이상하다는 생각이 들었다.

나뭇가지에 부딪힌 캔이 떨어지는 순간, 쿠슬미가 달려가며 촉수를 길게 늘어뜨렸다. 라세티도 캔을 향해 전력을 다해 달렸다. 그리고 겨우 캔을 낚아채서 숲 너머로 점프한 순간!

셋이 뛰어내린 곳은 나무에 가려진 절벽이었다.

라세티는 달리던 힘을 주체하지 못해 그대로 뛰어내렸고, 비몽사몽 기절했던 캔도 라세티와 함께 추락하며 한참 동안 비탈을 굴렀다.

바닥에 널브러진 라세티는 곧 정신을 차렸다.

"쿠슬미는?"

아무리 둘러봐도 쿠슬미는 없었다.

"서, 설마 무시무시한 어미한테 잡힌 거야? 우리 구해 주려다?"

캔도 긴장하며 얼른 몸을 정비했다.

"내가 위로 올라가 볼게. 얼른 가면 도와줄 수 있을 거야."

아우리온 안에서는 티격태격 항상 다투었지만, 그래도 이곳까지 여정을 함께한 동료였다. 그런데 이 낯선 지구에서 허망하게 죽다니……. 라세티는 거의 울먹이고 있었다. 캔도 미안함에 눈물이 찔끔 나오려고 했다.

그때 이들의 머리 위에서 카랑카랑한 목소리가 들렸다.

"너희 괜찮냐?"

목소리가 나는 곳을 올려다보니, 쿠슬미가 나뭇가지에 편안히 매달려 있었다.

"설마 나 걱정돼서 우는 건 아니지?"

열을 내던 쿠슬미가 갑자기 한쪽으로 달려가기 시작했다.

"야, 어디 가?"

"아까 굴러떨어지면서 놓쳤을지도 몰라!"

셋은 절벽 쪽으로 돌아갔다. 다행히 오라클은 그곳에 떨어져 있었다. 휴, 쿠슬미는 가슴을 쓸어내렸다.

"진짜 다행이다. 너, 큰일 날 뻔했어."

"이게 없으면 너나 나나 큰일 나는 건 마찬가지거든?"

아우리온을 떠나자마자 이렇게 위험한 상황에 맞닥뜨리다니. 쿠슬미는 아무것도 모르고 아우리온에 혼자 있을 빠다가 걱정되기 시작했다.

"어서 아우리온으로 돌아가는 게 좋겠어. 쿠는 관장님이 깨어나시면 같이 찾아야지."

사실 캔도 일찌감치 겁을 먹고 있었다.

"그래. 여긴 루시를 만났던 때보다 더 무서운 지구 같아!"

사실 달리느라 무척 배가 고파진 라세티 역시 아우리온으로 돌아가 비상식량용으로 가지고 온 열매를 먹고 싶다는 생각뿐이었다.

"그럼 그러지, 뭐."

셋은 금세 쿠를 포기하고 아우리온 쪽으로 방향을 돌렸다.

그때 어디선가 소리가 들려왔다.

　셋은 조심조심 근처 풀숲에 숨어 소리가 나는 곳을 살펴보았다. 얼핏 루시와 비슷하게 생긴 털북숭이 생명체들이 돌로 죽은 동물을 해체하는 중이었다. 날카로운 돌의 단면으로 부드러운 살코기 부분을 뭉텅뭉텅 잘라 냈고, 질긴 가죽 부분은 평평한 바위에 대고 비비고 때리면서 끊어 내고 있었다.

"쟤네 좀 똑똑해 보이지 않아? 쿠의 종족인 게 분명해!"

라세티는 큰 목소리를 내지 않으려고 애쓰면서도 흥분을 감추지 못했다.

"흠……, 쿠보다는 루시를 더 닮은 것 같은데."

쿠슬미는 미심쩍다는 듯이 말했다.

"내 말이 맞다니까! 이번에야말로 진짜 쿠를 찾은 거라고. 역시 내가 아우레의 영웅이 될 줄 알았다니까!"

그때 캔이 나섰다.

"내가 스캔 먼저 해 볼게. 겉모습은 루시와 별로 다른 게 없어 보이거든."

스캔 결과, 이들은 루시 무리보다 뇌 용적이 40% 정도 컸다. 게다가 그저 나뭇가지 같은 것을 주워 쓰던 루시 종족과 달리, 일부러 날카롭게 깎은 듯한 돌을 사용하고 있었다.

"그러면 얘네가 루시보다 더 똑똑한 건가?"

"그런 것 같은데. 머리가 더 커서 그런가?"

"그럼 쿠가 맞네!"

"머리 조금 크다고 다 쿠야? 루시보다 똑똑해 보이긴 하지만……. 일단 좀 더 지켜보자고."

쿠슬미는 쉽게 의심을 풀지 않았다. 그 순간, 숲 한쪽에서 날카로운 이를 드러낸 동물들이 위협적인 소리를 내며 다가왔다.

    털북숭이들은 무시무시한 동물들에게 고기를 양보했다. 그리고 작은 고깃덩어리들만 챙겨서 서둘러 달아났다.

    이들의 서식지는 작은 강 옆이었다. 털북숭이들이 가지고 온 고기를 내려놓자 주변으로 무리가 몰려들었다.

"도대체 쿠가 어떻게 생겼는데요?"

"쿠는 털은 났지만 북슬북슬하진 않고, 머리가 큰데 두 발로 서서……, 아무튼 내가 보면 안다! 쟤들은 아니니까 돌아와!"

빠다는 잘 설명하는가 싶더니 뚝, 교신을 끊어 버렸다.

쿠슬미에겐 빠다가 좀 이상해 보였지만 이내 어깨를 으쓱였다. 교신을 끝낸 쿠슬미와 캔은 라세티의 모습이 보이지 않는다는 것을 깨달았다. 라세티는 저쪽, 지구 생명체들이 모여 고기를 먹고 있는 곳으로 살금살금 다가가고 있었다.

"야! 너 어디 가?"

캔이 낮은 소리로 부르자 라세티는 이쪽을 돌아보며 조용히 하라는 손짓을 하고는 살금살금 그들에게 다가갔다.

설마……? 라세티는 털북숭이 생명체들이 놓아둔 고깃덩이 하나를 어깨에 이고 달리기 시작했다.

"으아아, 내 예상이 맞았어!"

고기를 빼앗긴 것을 눈치챈 털북숭이들이 요란한 소리를 지르며 달려왔다.

"받아!"

라세티가 캔에게 고기를 던졌다.

"야! 이걸 왜 나한테 줘!"

"엄니 새끼 때처럼 들고 날면 되잖아!"

# 6화

# 미니 위성을 쏘다

돌아와 보니 빠다는 무언가를 조립하고 있었다.

"엥? 저게 뭐지?"

"생긴 건 로켓 같지 않아?"

"설마 불꽃놀이 같은 건 아니겠지?"

저마다 한마디씩 추측을 하며 빠다가 만들고 있는 것에 눈길을 주었다. 과학 기술의 흔적이라고는 전혀 찾을 수 없는 머나먼 행성에서 혼자 저런 걸 만들고 있다니. 천재 과학자는 분명하다고 생각하면서.

"설마 또 시작인 건가?"

라세티와 캔은 빠다가 처음 만났을 때와 아주 비슷하다는 느낌을 받았다. 묘하게 풀린 눈으로 횡설수설……. 하지만 이를 처음 본 쿠슬미는 호들갑을 떨었다.

"너 아까 그거 하려는 거지? 절대 안 돼!"

쿠슬미가 눈치를 채고 얼른 말렸지만, 라세티는 재빨리 빠다를 잡더니 마구 흔들어 댔다.

"믿어 보라니까! 처음엔 진짜 효과가 있었어."

쿠슬미는 어처구니가 없었지만, 묘하게도 라세티의 긍정 에너지는 효과를 발휘했다.

"으아아, 라세티. 어지럽다. 그만 내려 줘."

"어머, 진짜네? 관장님, 정신이 드세요?"

"후후, 봤지? 우주의 기운은 언제나 정답."

탐사대를 본 빠다는 이제 막 만나기라도 한 듯이 기뻐했다.

"얘들아! 너무너무 보고 싶었다."

쿠슬미는 안도의 한숨을 쉬었다. 빠다의 이런 상태를 처음 본 터라 크게 당황한 모양이었다.

그와 달리 이미 경험이 있는 라세티와 캔은 얼른 현재의 상황을 파악하기 위해 빠다를 다그쳤다. 빠다가 갑자기 또 바보처럼 변하면 안 되니까.

"관장님, 지금 여기가 어느 시대인지 아세요?"

"아우리온이 시스템 접근을 막아서, 저흰 아무것도 알아내지 못했다고요!"

그러자 빠다가 걱정스러운 표정으로 입을 열었다.

라세티 일행이 없는 동안 아우리온은 시스템을 모두 정상화했지만 1급 정보로 분류된 풍야쿵 장군의 항로 좌표, 그러니까 쿠가 있는 시대로 가는 좌표만은 암호화해서 딱 봉인해 버렸다. 아우리온의 보안 프로그램이 시간 감옥에서 강한 외부 충격을 받자 스스로 보안을 강화해 버린 탓이었다.

풍야쿵의 항로 좌표를 찾지 못하면 결국 쿠가 있는 곳으로 갈 수 없게 된다.

"아, 맞다. 관장님, 쿠의 좌표를 외우지 않으셨어요?"

쿠슬미가 물었다.

쿠슬미는 출발하기 전에 빠다가 만일을 대비해서 좌표를 외우던 것을 기억했다.

"내가? 그랬나? 외웠던가? 그랬던 것 같기도 하고……."

빠다가 힘겹게 기억을 더듬었다.

"그래, 어렴풋이 떠오르는 게 있어. $Fd#%$#☆○£§……."

빠다가 조금씩 좌표를 읊기 시작하자, 옆에서 쿠슬미와 캔이 주먹을 불끈 쥐고 격려했다.

"좋아요, 그거예요! 관장님은 할 수 있어요! 천천히 생각해 보세요."

라세티의 한마디는 결정적이었다. 그것도 매우 안 좋은 방향으로. '긍정의 댄스'라는 말을 듣자, 방금 전까지 초롱초롱했던 빠다의 눈빛이 다시 불안으로 흔들리기 시작했다.

"…댄스? 어지러운 거? 으아아, 위대한 아우레 주변에 사십사만 개의 코딱지가 어지럽게 떠다니고 있다~!"

쿠슬미와 캔이 경악했다.

라세티가 통통, 미니 위성을 치는 소리에 빠다도 자연스레 그쪽을 쳐다보더니……, 곧 말똥한 표정이 되었다.

"내 정신 좀 봐! 어디까지 설명했지? 아, 그렇지! 이 미니 위성은 허술해 보여도 아우레의 최신 기술이 집약되어 있어."

라세티 일행이 우주선을 비운 사이, 아우리온의 데이터에 문제가 생긴 것을 알게 된 빠다는 마지막 방법으로 이 미니 위성을 생각해 냈다. 인공 항성 기술까지 완성한 키벨레의 관장에게 이 정도는 식은 죽 먹기였다.

미니 위성은 이변이 없는 한 항성의 빛으로 에너지를 충전해서 오랜 시간 지구 궤도를 돌 수 있었다. 미니 위성이 지구 궤도를 도는 동안, 아우리온은 조금씩 미래로 이동하며 위성이 보내는 정보들을 확인할 것이다. 탐사대는 그것을 토대로 쿠와 비슷한 지구 생명체의 이동과 번영, 새로운 종족의 출현 등을 분석해 쿠를 찾아내기만 하면 된다.

"생물의 진화를 분석해서 쿠의 종족들이 이 지구에 출현하는 시기를 알아내자는 거죠?"

"그렇지. 아직까지 쿠만큼 지적으로 발달한 생명체를 만나지 못했으니, 현재의 지구보다 미래로 가다 보면 쿠와 비슷한 생명체를 만날 수 있을 거야. 매번 타임머신에만 의존하지 말고, 중간중간 위성이 보내 주는 정보를 같이 이용해 보자."

쿠슬미는 빠다의 아이디어에 감명을 받은 것 같았지만, 캔은 빠다의 방법이 옳은 것인지 확신하지 못했다.

"그러면 우린 몇 년을 주기로 이동하나요? 막무가내로 미래로 갈 수는 없잖아요. 10년? 20년?"

"캔, 생명체는 그렇게 짧은 기간에 진화하지 않는다. 복잡한 생물일수록 시간이 더 오래 걸리지. 최소 50만 년 정도는 되어야 의미 있는 변화가 있을 거야. 쿠와 더 비슷한 생명체가 나올 때까지 이동한 뒤, 그 시점에서 조금씩 시간을 조절해 보자."

이렇게 하나씩 정리하다 보니 라세티는 탐사대가 조금씩 나아가고 있다는 생각이 들었다.

"우리 이 위성에 멋진 이름을 지어 주는 게 어때요?"

"좋은 생각이구나! 아우리온에서 처음 발사하는 것이니……, 아우리호… 아우… 오리……, 아! 오리온 1호 어떠냐?"

오리온 1호가 흰 연기를 뿜으며 푸른 밤하늘로 올라갔다.
 솟은 위성이 무수한 별들과 크기가 비슷해질 즈음, 보조 추진 장치가 분리되었다.
 분리된 위성은 더 강하게 뻗어 올라갔다.
 역할을 다한 보조 추진 장치는 수많은 불똥을 퍼뜨리며 허공에서 폭발했다. 형형색색의 불꽃들이 펑펑, 축제라도 열린 듯 하늘에 흩어졌다.

이제껏 없던 어린이 의학 동화

### tvN〈유 퀴즈〉화제의 의사
### 국내 최대 규모 외상센터
### 정경원 아주대학병원 외상센터장 기획 감수!

어린이를 위한 중증외상센터&닥터 헬기 이야기!

신간

"이 책을 읽는 어린이들이 의사가 되는 것을 꿈꾸게 되기를 기대합니다."

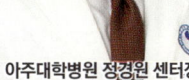

정경원 아주대학병원 외상센터장 기획·감수
임은하 글 | 하루치 그림

미리보기  독후활동지

아주대학병원 정경원 센터장

*시리즈는 계속됩니다.

---

대한민국 대표 추리 만화동화

### 관찰력, 문해력, 논리력이 커지는
### 추리의 세계!

권일용 프로파일러의 정교하고
치밀한 수사가 지금 시작됩니다!

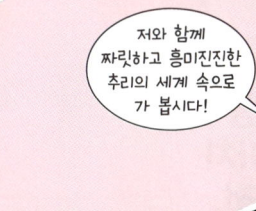

전 8권 완간

"저와 함께 짜릿하고 흥미진진한 추리의 세계 속으로 가 봅시다!"

권일용 기획 | 한주이 글 | 강신영 그림

미리보기  권일용 인터뷰

프로파일러 권일용 교수

---

교보문고, 예스24, 알라딘 등 온라인 서점 및 전국 오프라인 서점에서 만나실 수 있습니다.

**AI 시대에 꼭 읽어야 할 사고력 동화**

# 진짜 VS 가짜 짜짜뉴스 제작소

## 무엇이 진짜이고, 무엇이 가짜일까?
## 세상을 바로 읽는
## 어린이 사고력 프로젝트

'슬기로운초등생활' 이은경 선생님 기획
첫 어린이 동화 시리즈!

> AI 시대
> 혼란스러운 정보의 홍수 속
> 나침반이 줄 책입니다.

이은경 기획 | 서후 글 | 이정태 그림

 미리보기   책 소개 영상

*시리즈는 계속됩니다.

30만 초등 교육 멘토 이은경 선생님

---

**스스로 생각하는 힘을 키우는 수업**

# 내가 만드는 초등 첫 가치 사전

**신간 / 한달 완성**

베스트셀러 현직 교사 **이현아 선생님**이
직접 고른 **30가지 단어** 수업

스스로 생각하고 쓰면,
**언어 표현력과 사고력, 창의력이 쑥쑥!**

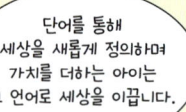

> 단어를 통해
> 세상을 새롭게 정의하며
> 가치를 더하는 아이는
> 그 언어로 세상을 이끕니다.

이현아 글 | 김해선 그림

 미리보기

16년 차 현직 초등 교사 이현아 선생님

---

교보문고, 예스24, 알라딘 등 온라인 서점 및 전국 오프라인 서점에서 만나실 수 있습니다.

아동 전문 심리학자 조선미 교수의 맞춤 처방 그림책

## • 엄마 마음 그림책 •

### 세상 모든 엄마들의 마음을 대변하는 그림책

표현이 서툰 엄마가 아이에게 전하는 속마음,
성장하는 아이에게 전하고 싶은 엄마의 바람

아이 눈높이에 맞게 엄마의 마음을
전할 수 있는 소중한 책입니다.
- 조선미 교수님

윤여림 외 글 | 이미정 외 그림

*시리즈는 계속됩니다.

미리보기    조선미 인터뷰

## • 안아주기 그림책 •

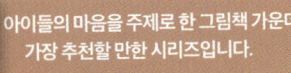 

아이들의 마음을 주제로 한 그림책 가운데
가장 추천할 만한 시리즈입니다.
- 조선미 교수님

쇼나 이니스 글 | 이리스 어고치 그림
엄혜숙 옮김

*시리즈는 계속됩니다.

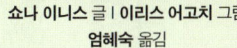 
미리보기    낭독영상

아주대 정신건강의학과 조선미 교수

교보문고, 예스24, 알라딘 등 온라인 서점 및 전국 오프라인 서점에서 만나실 수 있습니다.

어린이를 위한 창의력 자극 프로젝트

# 어쩔뚱땡! 고구마머리TV

## 수업 시간에 보는 유튜브가 학습 만화로 재탄생!

81만 유튜브 <고구마머리TV> 전국과학교사모임 추천!

천문학자 이명현 박사 감수
(과학책방 갈다 대표)

*시리즈는 계속됩니다.

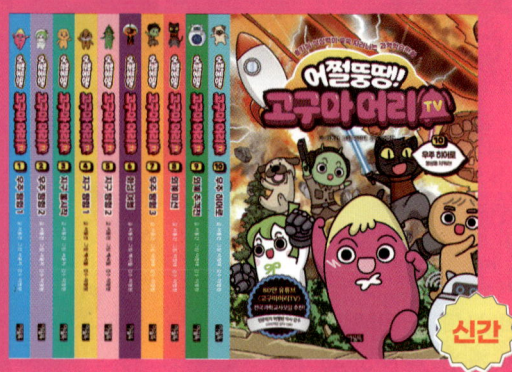

서동건 글 | 이정태 외 그림 | 이명현 감수

### <어쩔뚱땡! 고구마머리TV>의 매력 포인트

- ☑ 재미있게 배우는 과학 지식과 원리
- ☑ 초등교과과정과 연계하여 주요 과학 키워드가 머리에 쏙쏙!
- ☑ 천문학자 이명현 박사의 더 깊은 과학 이야기

미리보기

고구마머리송

교보문고, 예스24, 알라딘 등 온라인 서점 및 전국 오프라인 서점에서 만나실 수 있습니다.

그 순간, 상공에서 분리된 보조 추진 장치의 파편 하나가 아우리온 쪽으로 떨어지고 있었다. 하늘에서 보았을 땐 아름다운 불꽃이었으나, 코앞까지 가까이 다가온 파편은 맹렬히 타오르는 위험한 불덩어리였다.

불붙은 파편은 아우리온 조종실로 쑥 들어가고 말았다.

작은 불똥 하나가 우주선에 큰불을 낼 수도 있었다. 지금으로서는 저 불똥을 잡는 것이 1순위! 쿠슬미는 빠다를 캔에게 부탁하고 소화기를 찾기 위해 정신없이 뛰어다녔다.

펑!

결국 불똥은 아우리온 안에서 큰 소리를 내며 터지고 말았다. 우주선 전체를 날려 버리지 않은 게 다행이었다.

자욱한 연기가 걷히자 일행은 빠다의 상태부터 살폈다. 구석에 피신해 있던 빠다는 눈을 게슴츠레하게 떴다.

"관장님, 괜찮으세요?"

빠다는…….

역시나! 엄청난 폭발 소리에 빠다의 정신은 다시 가출해 버린 모양이었다. 빠다는 알 수 없는 소리를 지껄이더니 벌떡 일어나 오라클이 있는 조종석으로 갔다.

"앗! 관장님, 스톱! 그거 건드리지 마요!"

하지만 빠다가 한발 빨랐다. 빠다는 계기판에 꽂혀 있는 오라클을 제멋대로 돌렸다. 오라클 표면에 아우리온이 출발할 때 나타나는 무늬가 떠올랐다. 곧 두두두두 하는 소리가 났고 계기판의 모든 버튼에 불이 들어왔다.

"으아악, 아우리온이 움직인다!"

"오, 오라클을 다시 원위치해!"

"관장님이 시계 방향으로 두 번 돌렸나? 아니, 세 번인가?"

조종석에 앉은 쿠슬미가 다급히 계기판의 취소 버튼을 눌렀지만, 시스템 보안이 강화된 아우리온은 말을 듣지 않았다.

캔과 라세티, 쿠슬미가 허둥대는 동안 아우리온은 순식간에 허공으로 솟구치더니 곧 시간 이동을 준비했다.

**웜홀 진입 30초 전.**

"이제 소용없어! 어서 이륙에 대비해! 관장님이 또다시 충격을 받으면 안 되니까 얼른 의자에 앉혀 드리고!"

쿠슬미가 조종석에서 아우리온을 안정시키려고 진땀을 흘리는 동안 아우리온은 웜홀로 진입했다.

# 7화

# 수십 개의 눈동자

탐사대는 오리온 1호 발사 시점에서 80만 년 후의 지구에 도착했다. 빠다는 좀 전에, 아니 80만 년 전에 쏘아 올렸던 위성의 위치를 확인했다.

항성의 빛 에너지만 있으면 아주 오래 떠 있을 거라던 위성이 신호를 보낸 곳은 현재 지점에서 멀리 떨어진 바다 한가운데의 거대한 섬이었다.

아우리온은 떨어진 오리온 1호를 찾기 위해 섬으로 향했다.

시간 여행을 하지 않고 지구 상공을 나는 일은 매우 신나는 경험이었다. 아우레 탐사대는 위도에 따라 달라지는 아름다운 지구의 모습을 마음껏 즐길 수 있었다.

야야, 정신 차려!
지구 생명체들에게
내내 쫓기고 뛰던 거
기억 안 나?!

　　추락한 오리온 1호는 폐허가 된 아우레 행성에서나 볼 법한 낡은 기계로 변해 있었다. 너무 낡아서 지구 상공에 얼마나 떠 있었을지 걱정될 정도였다. 빠다는 위성에서 저장 장치를 떼어 내 아우리온으로 돌아왔다.

"관장님, 얼른 연결해 봐요. 이번엔 어디선가 진짜 쿠의 모습이 찍혔을 것 같다고요!"

오리온 1호를 아우리온에 연결하자, 저장되어 있던 데이터들이 모니터에 조금씩 떠오르기 시작했다. 곧 대륙의 이동, 바다 수면의 높이, 숲의 분포, 기후 변화의 그래프, 무엇보다 지구 생명체들이 시기마다 어느 지역에 얼마나 있었는지 유추할 수 있는 사진들이 화면을 가득 채웠다.

"으아악! 설마 이 사진들을 다 봐야 하는 거예요?"

잔뜩 기대에 차서 모니터를 바라보던 라세티의 눈동자가 흔들리기 시작했다. 눈으로는 도저히 따라잡을 수 없을 만큼 빠른 속도로 지구의 각종 이미지가 떠올랐기 때문이다.

빠다도 수많은 데이터의 양에 놀라긴 마찬가지였다.

"그러게 말이다. 그래도 하나는 분명해졌구나."

"뭐가요?"

"오리온 1호가 꽤 오랫동안 떠 있었다는 사실 말이야."

"아하! 정말 그렇네요!"

금방 흥분하고 금방 실망하는 라세티는 인정도 빨랐다.

빠다는 미리 입력해 둔 쿠의 특징을 이용해 자료를 추리기로 했다. 그러자 지구의 가장 큰 땅덩어리 남서쪽에 쿠와 비슷한 생명체들이 모여 있다는 것을 알 수 있었다.

빠다가 점들 중 하나를 확대하자, 온몸이 털로 덮이고 두 발로 걷는 지구 생명체들과 그들의 서식지가 보였다.

지금까지 남쪽 지역에서 만난 생명체들은 쿠와 비슷하긴 했지만, 쿠는 아니었다. 빠다는 북쪽의 새로운 곳까지 올라간 생명체들을 좀 더 살펴봐야겠다는 느낌이 들었다.

"아우리온, 이 점들을 분석해 봐!"

빠다는 이렇게 말하며 자신의 선견지명에 또 한 번 우쭐했다. 빠다가 과거 키벨레를 탈출할 때, 인피니티의 지식과 기능을 아우리온에 고스란히 옮겼기 때문에 이런 분석이 가능한 것이기 때문이었다.

아우리온은 몇 분 만에 결론을 내놓았다.

이전에 관찰한 기록이 없는 생명체입니다. 새롭게 등장한 종일 가능성이 98%입니다.

라세티가 환호했다.

"지금까지 지구에 없었던 새로운 종인데 쿠와 비슷하다면……, 이번엔 진짜 쿠인 거 아닐까요?"

라세티가 눈을 반짝였다.

"으흠, 기대해 볼 만하구나."

빠다도 이번에는 고개를 크게 끄덕였다.

탐사대는 지금까지의 고생을 모두 잊은 듯 한껏 부풀었다. 그리고 저마다 이 성과가 전부 자신 덕분이라고 자랑했다.

아우리온이 추가로 분석한 내용에 따르면, 어쩌면 쿠일지도 모르는 이 새로운 종은 라세티가 고기를 훔쳤던 털북숭이 생명체와 같은 지역에서 출현하여 점점 북쪽으로 이동한 것으로 보였다.

"참 멀리도 이사 갔네! 저 땅이 마음에 들었나?"

라세티의 말에 빠다가 더 그럴듯한 가설을 내놓았다.

"행성을 관측할 인공위성 하나 없는 이런 곳에서 저 땅에 대해 미리 알고 움직인 건 아닐 게다. 그저 기후가 변하고 자연환경이 바뀌며 사냥감을 따라간 것일 수도 있지."

휘잉—.

아우리온이 차가운 바람이 부는 북쪽 지역의 숲에 착륙했다. 상공에서 내려다보니 나무가 빼곡한 완만한 지대가 눈에 들어왔다. 바위가 늘어선 경사면 끝에는 꽝꽝 언 강이 있었다.

"시간이 멈춰 버린 땅 같아……. 이런 데 생명체가 산다고?"

지구에서 계속 푸른 나무와 맑은 물, 사방을 뛰어다니는 활기찬 생명체들만 만났던 탐사대는 이전과 다른 지구를 만나자 당황했다.

라세티가 먼저 아무 말이나 내뱉었다.

"설마 아까 그 빨간색 점들, 루시가 모니터에 묻힌 얼룩은 아니겠지?"

당황해서 잠시 정지 상태였던 캔이 버럭했다.

"말이 돼? 아우리온이 분석까지 한 점들이야. 설마… 풍야쿵 장군이 이미 와서 싹 다 잡아간 건 아니겠지?"

"그건 절대 안 돼! 내가 여기까지 왜 왔는데?!"

캔의 말대로 풍야쿵 장군이 벌써 쿠를 데려간 거라면 라세티는 아우레의 영웅이 될 기회를 잃어버리는 것이었다.

"어서 내려가 보자! 우리가 한발 늦은 게 아니길!"

아우리온은 그 자리에 수직으로 하강했다. 착륙하는 아우리온 주변의 나무들이 바람에 정신없이 흔들렸다.

빠다도 쿠슬미도 냄새를 맡았다. 살짝 쿰쿰하면서도 고소하고 몹시 기분 좋은 냄새였다. 처음 맡아 보는 냄새였지만 라세티는 저도 모르게 배가 고파졌다.

"킁킁, 어디서 나는 냄새지?"

"내게 맡겨!"

캔은 즉시 스캐너로 주변 공기 입자의 흐름을 스캔했다.

하지만 라세티의 본능이 더 빨랐다. 킁킁대며 주변을 돌던 라세티는 캔보다 먼저 냄새가 시작된 곳을 발견했다.

쿠슬미의 말이 그럴듯했다. 만약 살아 있었다면 아우리온이 착륙하기 전에 겁을 먹고 달아났을 테니까.

"그럼 주변에 이 동물을 사냥한 다른 녀석이 있다는 얘기인데……."

# 쿠슬미의 탐사일지

히익! 저 눈알들은 정말 뭐냐고!

왜 지구에 오고 나서부터는 저런 위험한 생명체들만 만나는 거야?

나는 아우리온의 선장이지, 괴물을 물리치는 용사가 아니란 말이야~!

게다가 라세티 저 녀석은 왜 맨날 남의 음식을 훔치고, 뺏어 먹는지….

쟤 때문에 우리까지 위험해지잖아!

이번에만 해도 우리가 얼마나 많은 생명체에게 공격당한 줄 알아?

라세티 너, 자꾸 이러면 다음엔 안 도와줄 거야!

이 좁은 곳에서 그렇게나 많이 만났다니까!

### 위험도 매우 높음! ●●●●

길쭉하고도 뭉툭한 주둥이에 빈틈없이 난
뾰족한 이빨로 덩치 큰 라세토도 한입에 꿀꺽
삼켜 버릴 것 같은 이 녀석, 서바너슨악어가
육식 동물이라는 건 말 안 해도 알겠지?
이 녀석은 강 속에 조용히 숨어 있으면서 루시처럼
약한 동물을 잡아먹는 무서운 포식자야. 그러니까
강 근처에서는 주변 경계를 잊지 마!

### 위험도 높음 ●●●●

아기 메트리디오키루스는 너~무 귀여워. 깨물어 주고 싶을
정도야. 앙증맞은 발굽, 귀여운 코가 아직도 기억나.
하지만 다 큰 녀석은… 정말 무시무시해. 두 쌍이나
되는 큰 엄니에 받히면 말도 못 하게 아프겠더라고.
하지만 캔이 새끼를 던지려 했으니 어미도 얼마나 놀랐겠어?
아무튼 한번 화내면 엄청 무섭다는 걸 알았으니,
웬만하면 이 녀석은 자극하지 않는 게 좋겠어.

### 위험도 높음 ●●●○

아주 잠깐이지만 털북숭이 생명체를 위협했던
이 동물은 파키크로쿠타야. 얘네도 육식 동물이긴
하지만 털북숭이들보다 죽은 스테고돈 고기에 더 관심이
있었던 것 같아. 털북숭이들을 잡아먹을 생각이었다면
끝까지 뒤쫓았을 테니 말이야. 아니면 사냥이 귀찮고 힘들어서 그런 걸까?

# 오스트랄로피테쿠스 아파렌시스

만난 시기: 300만 년 전    뇌 용적: 약 450cc

처음으로 만난, 쿠를 닮은 지구 생명체야. 루시와 그 친구들이지.
라세티는 계속 루시가 귀여우니 쿠라고 우겨 댔는데, 똑똑한 관장님은 단번에
쿠가 아니라는 걸 알아보셨지! 관장님 말로는 루시는 쿠보다 뇌가 훨씬 작대.
두개골의 모양만 봐도 그걸 알 수 있다던걸? 역시 관장님!
캔 말로는 루시 종족이 전에 자기들이 만난 동물 '팬'과 많이 닮았대.
둘이 가장 다른 점은, 팬이 네 발로 걸었다면, 루시는 두 발로 걷는다는 거야.
그것도 아주 잘 말이야.
라세티는 루시가 비상식량을 다 먹어 치웠다던데…, 난 아직도 라세티가
의심스러워. 저렇게 작은 애가 그 많은 걸 다 먹었다는 게 말이 안 되잖아!

얘들은 나뭇가지로 둥지를 만들어 자더라고. 그나저나 이 나무에 열린 열매 진짜 맛있더라!

루시 종족은 나무 위에서도, 땅 위에서도 자유로워. 길쭉한 팔로 열매도 잘 따던걸?

두 발로 선 루시의 당당한 모습!

# 호모 하빌리스

## 만난 시기: 230만~150만 년 전    뇌 용적: 약 650cc

다른 시간, 같은 장소에서 우리는 털북숭이 생명체, 호모 하빌리스를 만났어.
호모 하빌리스는 참 이상한 종족이었어. 왜냐고? 생긴 건 루시와 비슷한데
훨씬 똑똑했거든. 돌을 내리쳐서 날카롭게 만든 다음, 그걸 칼처럼 쓰더라니까.
빠다 관장님은 얘네가 도구를 쓰게 된 데엔 커진 뇌도 한몫했지만,
손, 특히 엄지손가락이 발달한 덕도 있을 거라고 하셨어. 엄지가 전보다 넓적하고
다른 손가락과 마주 보는 구조로 변해서, 섬세하게 물건을 쥐는 게 가능해진 거지.
덕분에 고기는 거의 먹지 않았던 루시 종족과 달리, 털북숭이들은 죽은 동물의
고기도 먹고, 뼈를 부숴서 그 안의 골수도 빨아 먹을 수 있게 됐어.
그걸 부수는 데 엄청 힘들었을 텐데, 라세티가 그냥 훔쳐 버렸으니
털북숭이들이 화가 날 만도 하지!

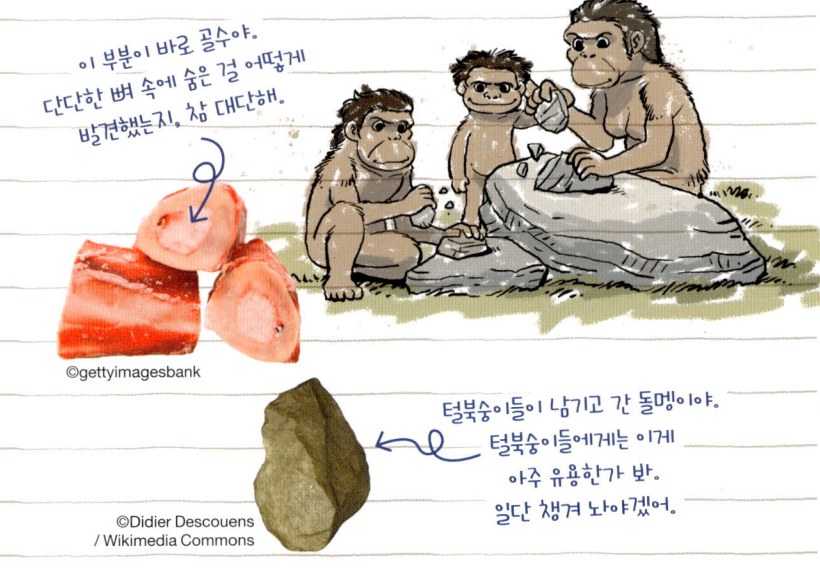

이 부분이 바로 골수야.
단단한 뼈 속에 숨은 걸 어떻게
발견했는지, 참 대단해.

©gettyimagesbank

©Didier Descouens
/ Wikimedia Commons

털북숭이들이 남기고 간 돌멩이야.
털북숭이들에게는 이게
아주 유용한가 봐.
일단 챙겨 놔야겠어.

얘도 쿠가 아니고,
쟤도 쿠가 아니고.
도대체 쿠는 어디에 있는 거야?!
여기저기서 사고나 치고 다니는
녀석들 때문에 더 정신이 없다고.
이젠 빨리 쿠를 찾아서 아우레로 돌아가고 싶은데,
이러다간 평생 쿠를 찾을 수 없을 것 같아.

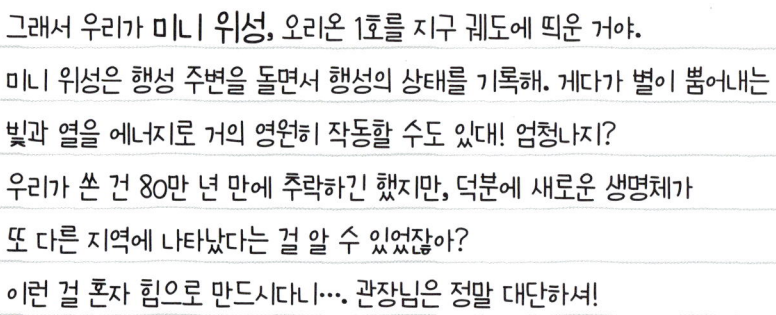

그래서 우리가 **미니 위성**, 오리온 1호를 지구 궤도에 띄운 거야.
미니 위성은 행성 주변을 돌면서 행성의 상태를 기록해. 게다가 별이 뿜어내는
빛과 열을 에너지로 거의 영원히 작동할 수도 있대! 엄청나지?
우리가 쏜 건 80만 년 만에 추락하긴 했지만, 덕분에 새로운 생명체가
또 다른 지역에 나타났다는 걸 알 수 있었잖아?
이런 걸 혼자 힘으로 만드시다니…. 관장님은 정말 대단하셔!
미니 위성은 최고의 발명품이야!

게다가 아무리 위대한 탐험가라도 벌벌 떤다는 무시무시한 시간 감옥에서
우리를 구해 주기까지 하셨다니, 역시 내가 존경할 만한 분이야.
그런데 라세티와 캔은 계속 관장님더러 바보라고
하더라? 걔네야말로 관장님이 얼마나
대단한 분인지 모르는 바보인 거지!

바보

그나저나 당장은 저 눈알 괴물에게서 도망치든, 싸우든 해야겠다.
또 잡아먹힐 거라고 난리 피우는 라세티가 시끄러워서라도 내가 나서야겠어!

저 눈알들의 정체가 궁금해?

안 그래도 타임머신을 타고 미래를 살짝 보고 왔는데 말이야,
다음 이야기는 우리가 찾아낸 저 눈알 괴물, 그러니까 새로운 지구 생명체에
관한 이야기가 될 거야. 새로 만난 생명체와 우리가 진솔한 대화와
따뜻함을 나누며 친해지는 이야기랄까?
어쩌면 아우리온 안에서 새로운 만남이 시작될 수도 있고 말이야!

다 말해 주면 다음 이야기가 재미없어질 테니까,
조금만 기다려 줘!
그럼 다음에 다시 만나자!

다음 모험은
무사히 살아남은 후에
계속!

# 정재승의 인류 탐험 보고서
## 2 루시를 만나다

글  차유진 정재승
그림  김현민
감수  백두성
사진  getty images bank, Wikimedia Commons

1판 1쇄 발행 2021년 11월 15일
1판 3쇄 발행 2025년 8월 21일

펴낸이 김영곤
기획개발 문영 정유나  프로젝트 4팀 김미희 이해인  디자인 한성미
영업팀 정지은 한충희 남정한 장철용 강경남 황성진 김도연 이민재
제작 이영민 권경민

펴낸곳 ㈜북이십일 아울북
출판등록 2000년 5월 6일 제406-2003-061호
주소 (10881) 경기도 파주시 회동길 201(문발동)
대표전화 031-955-2100 팩스 031-955-2177
홈페이지 www.book21.com

ⓒ정재승 · 김현민 · 차유진, 2021
이 책을 무단 복사 · 복제 · 전재하는 것은 저작권법에 저촉됩니다.

ISBN 978-89-509-9651-2 74400
ISBN 978-89-509-9649-9 74400 (세트)

책값은 뒤표지에 있습니다.
잘못 만들어진 책은 구입하신 서점에서 교환해 드립니다.

• 제조자명 : ㈜북이십일
• 주소 및 전화번호 : 경기도 파주시 문발동 회동길 201(문발동) / 031-955-2100
• 제조연월 : 2025.8.21.
• 제조국명 : 대한민국
• 사용연령 : 3세 이상 어린이 제품

**너와 나, 우리들의 마음을 이해하게 도와줄
첫 번째 뇌과학 이야기**

# 정재승의 인간 탐구 보고서 (1~17권)

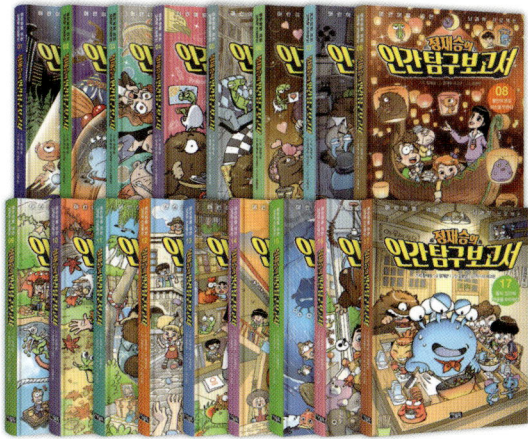

❶ 인간은 외모에 집착한다
❷ 인간의 기억력은 형편없다
❸ 인간의 감정은 롤러코스터다
❹ 사춘기 땐 우리 모두 외계인
❺ 인간의 감각은 화려한 착각이다
❻ 성은 우리를 다르게 만든다
❼ 인간은 타고난 거짓말쟁이다
❽ 불안이 온갖 미신을 만든다
❾ 인간의 선택은 엉망진창이다
❿ 공감은 마음을 연결하는 통로
⓫ 인간을 울고 웃게 만드는 스트레스
⓬ 인간은 누구나 더없이 예술적이다
⓭ 인간은 모두 호기심 대마왕
⓮ 인간, 돈의 유혹에 풍당 빠지다
⓯ 소용돌이치는 사춘기의 뇌
⓰ 사랑은 마음을 휘젓는 요술 지팡이
⓱ 음식, 인간의 마음을 요리하다

**인류의 과거와 현재를 이어 줄
아우린들의 시간 여행!**

# 정재승의 인류 탐험 보고서 (1~10권)

완간

❶ 위대한 모험의 시작
❷ 루시를 만나다
❸ 달려라, 호모 에렉투스!
❹ 화산섬의 호모 에렉투스
❺ 용감한 전사 네안데르탈인
❻ 지구 최고의 라이벌
❼ 수군수군 호모 사피엔스
❽ 대륙의 탐험가 호모 사피엔스
❾ 농사로 세상을 바꾼 호미닌
❿ 안녕, 아우레 탐사대!